Adolf Exner

Über politische Bildung

Rede gehalten bei Übernahme der Rektorswürde an der Wiener Universität

Adolf Exner

Über politische Bildung
Rede gehalten bei Übernahme der Rektorswürde an der Wiener Universität

ISBN/EAN: 9783743482258

Hergestellt in Europa, USA, Kanada, Australien, Japan

Cover: Foto ©Suzi / pixelio.de

Manufactured and distributed by brebook publishing software (www.brebook.com)

Adolf Exner

Über politische Bildung

Über politische Bildung.

Über

politische Bildung

Rede
gehalten bei Übernahme der Rektorswürde an der
Wiener Universität
von
Adolf Exner

Dritte Ausgabe

Leipzig
Verlag von Duncker & Humblot
1892

Vorwort zur dritten Ausgabe.

Nach der warmen Aufnahme, die das vorliegende Schriftchen einerseits gefunden und nach dem ungewöhnlich scharfen Widerspruch, den es andererseits erfahren hat, scheint dasselbe, über den engen Bereich seiner Gelegenheitsbestimmung hinauswirkend, einen empfindlichen Punkt des Zeitbewußtseins berührt und mancherlei Schlummerndes angeregt zu haben. Damit war sein Zweck erreicht. Indessen benütze ich gerne den Anlaß einer Neuausgabe, um durch leichte Überarbeitung an der Form zu bessern und den Inhalt gegen mißverständliche Angriffe zu schützen.

Unter diese rechne ich vor allem den Vorwurf einer Unterschätzung der Naturwissenschaft. Auf ihn war ich in der That nicht gefaßt und finde noch jetzt, daß er einer genauen Lesung des Gesagten nirgends Stand hält. Sollte wirklich ein über „die einseitige Befangenheit der Geister in naturwissenschaftlichen Denkformen" gesprochenes Tadelswort diese Denkformen treffen können, oder trifft es die „einseitige Befangenheit"? Nur Jene durften sich durch ähnliche Sätze beunruhigt finden, welche laut sagen oder in der Stille voraussetzen, daß Naturwissenschaft die Wissenschaft sei, daß ihre Denkformen und Methoden auf allen Gebieten des Erkennens brauchbar, und wo sie versagen ein wirkliches Wissen nicht möglich sei. Solche Gemüter in ihrer gewiegten Sicherheit womöglich zu stören, lag allerdings mit in der Absicht des Verfassers, aber irgendwelche Verkleinerung der Naturwissenschaft — eine starke Zumutung, sich dagegen ausdrücklich verwahren zu müssen! — ist darin nicht enthalten. Im Gegenteil; wenn man gegenüber gewissen Strömungen in den heutigen Geisteswissenschaften rügend hervorhebt, diese hätten verkehrterweise die dem Wesen ihres Stoffes zuwiderlaufenden Methoden und Darstellungsweisen der Naturwissenschaft ergriffen, so stellt man ihnen die letztere als Muster und Beispiel hin: denn eben dadurch sind ja die Naturwissenschaften groß geworden, daß sie die ihrem Gegenstand abäquate Forschungsweise selbständig ausgebildet und seit Bacon mit Bewußtsein festgehalten haben. Der Historiker oder Jurist aber, welcher diese Methoden auf seinen Stoff überträgt, hat jenes große Beispiel nicht befolgt, sondern verkannt und mißbraucht.

Anders verhält es sich mit der Empfindlichkeit, welche auf philosophischer Seite durch eine beiläufige Bemerkung gegen Ende der Rede erregt ist. Hier lag es wohl an der allzu flüchtigen Berührung eines wichtigen Punktes, wenn Mißverständnis entstand. Ein jetzt hinzugefügter Satz soll klar stellen, wie es mit dem „Verfall der philosophischen Produktion" gemeint war. Freilich, wer aus der Philosophie eine Fachwissenschaft machen will, wie Mineralogie oder Agyptiologie, den wird das Gesagte nimmer befriedigen; mit ihm kann ich mich eben nicht verständigen. Auch müßte jeder

Verfuch dazu den Rahmen einer Kundgebung überfchreiten, die fich felbft als ein „Glaubensbekenntnis" bezeichnet. Als ein folches macht die Rede überhaupt nicht den Anfpruch, zu widerlegen und zu überzeugen, — fie wendet fich an die Gleichgefinnten und befcheidet fich, diefen zuweilen einen glücklichen Ausdruck bieten zu können für das, was fie eigentlich immer geglaubt haben. Ein kaum gehoffter Überfchuß an Erfolg ergäbe fich, falls es gelungen wäre, hier und da Einen aus der großen Schaar derer, welche vor Bäumen den Wald nicht fehen, auf den Gedanken zu bringen, es möchten wohl etwa auch jenfeits des Waldes Menfchen wohnen und bemerkenswerte Dinge fich zutragen.

Schloß Matzen in Tirol, September 1892.

A. E.

Alter akademischer Sitte gemäß habe ich bei der feierlichen Übernahme des Ehrenamtes an der Spitze unserer Hochschule deren Gäste und Glieder mit einer wissenschaftlichen Ansprache zu begrüßen. Aber nicht irgendwelche Ergebnisse von Einzelforschungen erwartet diese hochansehnliche Versammlung vom antretenden Rektor in dieser Stunde, sondern eine weiter ausgreifende Darlegung allgemeineren Inhalts, darin ein Stück seines wissenschaftlichen Glaubensbekenntnisses und damit seiner Persönlichkeit zum Ausdruck gelange. So wage ich es denn, Ihnen eine Reihe von Betrachtungen vorzulegen, deren Inhalt sich mir in der Ausübung meines akademischen Berufes ergeben und im Laufe der Jahre zur Überzeugung verdichtet hat. Einiges davon, wie ich wohl weiß, steht im Gegensatze zur communis opinio unseres Zeitalters; aber der Zweifel ist ja der Vater aller Einsicht und ganz besonders da, wo er in das vermeintlich Selbstverständliche seinen Stachel bohrt. Beweis wie Gegenbeweis freilich bleiben in gewissen Dingen ewig ausgeschlossen; der Kritik aber sollen alle Thore offen stehen, denn sie erst bringt Fluß in stockende Gedankenmassen und deren Reibung erzeugt den aufklärenden Funken. Darum sei die Hoffnung gestattet, es werden auch die hier zu entwickelnden Gedanken, einmal unter Diskussion gestellt, vielleicht erst im Feuer des Widerspruches sich Freunde gewinnen.

Den Anstoß und Ausgangspunkt zu den folgenden Betrachtungen bildet die oft gehörte Mahnung und Forderung an unsere Hochschulen, sie mögen auf eine erhöhte Pflege des patriotischen Geistes in der studierenden Jugend bedacht sein. In der That eine Forderung, die jedem pflichtbewußten akademischen Lehrer ernsthaft zu denken giebt, in Anbetracht dessen, wer fordert und was gefordert wird. Denn erhoben wird die Forderung, von wem immer sie ausgehe, stets im Namen unseres Vaterlandes, des Staates, dessen Geschöpf und Organ wir sind, dem wir als Korporation Bestand und Gedeihen verdanken, dem deshalb jeder einzelne von uns, innerhalb der Zwecke und Mittel des Ganzen, den Einsatz seiner vollen Kraft schuldet. Und was ist der Inhalt der Forderung? Wir sollen durch unsere berufliche Thätigkeit beitragen zur Erzeugung eines der edelsten Güter in dem immateriellen Besitzstande gesitteter Völker, eines der wirksamsten Machtfaktoren im Staatsleben, wir sollen in der Brust der um uns gescharten jungen Staatsbürger eine Gemütsverfassung bewirken, welche, indem sie das Ganze stärkt, den Einzelnen nicht bedrückt, sondern erhebt, also in jedem Sinne eine ideale Leistung an den Staat darstellt. Wahrlich eine herrliche Aufgabe, des Schweißes der Edelsten wert und würdig des auf das Ideale zielenden Lebensprincipes unserer höchsten Bildungsstätten — würdig aber denn doch auch einer nüchternen und genauen Untersuchung darüber, inwieferne und nach welchen

Richtungen hin sie mit den specifischen Mitteln, die uns zu Gebote stehen, gelöst oder doch gefördert werden kann.

Und leider stellt eine solche Untersuchung, im ersten Anlaufe wenigstens, kein erfreuliches Ergebnis in Aussicht, wenn einerseits die Natur jener specifischen Mittel erwogen und andererseits schärfer ins Auge gefaßt wird, worin denn eigentlich das besteht und wie es entsteht, was wir „Patriotismus" nennen.

Unsere einzigen Arbeitswege sind Forschung und Lehre; die eigentliche Erziehung, die unmittelbare Einwirkung auf Gemüt und Charakter, liegt außerhalb der Sphäre der Universitas litterarum nach ihrem historisch überkommenen Wesen als organisierte Verbindung jüngerer und älterer Männer zur Ueberlieferung, Pflege und Erweiterung aller Zweige wissenschaftlicher Erkenntnis. Patriotismus aber ist ein habituell gewordenes Gefühl: das Gefühl engster Anhänglichkeit an unser Gemeinwesen, dessen Gedeihen als unser Wohl, dessen Mißgeschick als unser Wehe empfunden wird, an dessen Ziele wir unser Bestes dahingeben, weil sie zugleich unsere Ziele sind, weil wir uns in jedem Augenblicke als ein lebendiges Atom fühlen im Leibe des siegenden oder fallenden, gesunden oder kranken, vor- oder rückwärtsschreitenden Ganzen. Die Gefühle der Menschen nun aber entspringen überhaupt aus Quellen, die nicht lehrbar sind. Dieses Gefühl insbesondere hat seine Wurzel in dem der menschlichen Natur ureigenen Socialtrieb und zieht Nahrung aus allem, was die angebornen Empfindungen der Solidarität in gegebenen Menschengruppen zu stärken und auf immer größere solche Gruppen auszuweiten geeignet ist. Die Familie ist der erste und engste dieser Kreise. Nur wenige Unglückliche oder ganz Rohe empfinden sich nicht als Glied einer Familie und bleiben unberührt von Ehre oder Schande der Übrigen. Aber in immer weitere Gesamtheiten führt uns das Leben und so erweitert sich der Spielraum für den Socialtrieb: der Schulknabe in seiner Klasse, der Student in seiner Verbindung entwickelt Solidaritätsgefühle zu den Genossen, dauerhaft nicht selten bis ins späte Alter; indessen der Vater daheim in seiner Dorf- oder Stadtgemeinde sich längst mit seinen materiellen Interessen und mit dem, was er von ideellen hat, verwachsen fühlt mit dieser Gemeinde: denn ihre Wohlfahrtseinrichtungen kommen ihm greifbar und sichtbarlich zu gute, ihr wirtschaftlicher Aufschwung giebt auch seinem Erwerb Nahrung, ihr fortschreitender Reichtum an ideellen Gütern erfüllt ihn mit Stolz und Befriedigung, indem er von dem Lob, welches etwa der Fremde seiner Heimat spendet, sofort gleichsam den auf ihn persönlich entfallenden Bruchteil behaglich genießt. Weil dieser Bruchteil des Einzelnen umso größer ist, je kleiner das Gemeinwesen, darum ist der Lokalpatriotismus die ursprüngliche, die verbreitetste und im gewöhnlichen Laufe der Dinge zugleich die intensivste Form des Patriotismus; wo daher Gemeinde und Staat zusammenfallen, wie in den antiken Stadtrepubliken, ist Vaterlandsliebe eine selbstverständliche Tugend jedes Bürgers. Je ausgedehnter aber der politische Körper ist, dem wir angehören, um so abstrakter und weniger greifbar werden die Fäden der Solidarität zwischen dem Glied und dem Ganzen, zumal für den gemeinen Mann ohne politische Bildung, um so schwächer wird also der materielle Reiz zur Auslösung von Solidaritätsempfindungen gegenüber dem Ganzen. Es bedarf mächtiger idealer Faktoren, um in Gemeinwesen wie unsere heutigen Großstaaten ein lebendiges

Bewußtsein der sinnlich nicht mehr wahrnehmbaren Einheit mit dem Staate hervorzurufen und zu erhalten.

Ein gewaltiger Faktor dieser Art, wie bekannt, liegt in der gemeinsamen Erinnerung an eine große staatliche Vergangenheit. Indem der Bürger von heute die Erfolge seiner Vorfahren als die eigenen empfindet, indem er die politischen Thaten der Führer seines Staates — zumal die persönlichen Leistungen einer nationalen Dynastie — auf das Staatsganze beziehen lernt und beziehen muß, um durch dieses Ganze hindurch für sich und die Seinigen daran teil zu haben, erweitert sich ihm die Liebe der engsten Heimat zum Staatsgefühl, zur Empfindung seiner Solidarität mit jenen gewesenen, gegenwärtigen und künftigen Geschlechtern, welche in ihrer ideellen Einheit dieser Staat sind und verwachsen mit dem heimischen Boden sein Vaterland ausmachen. So wird dem Volke jeder Nationalheld, der mythische so gut als der historische — heiße er Prinz Eugen oder Wilhelm Tell, Nelson oder Winkelried — zum Symbol seiner Einheit und Macht, dadurch ein fortsprudelnder Quell des Patriotismus, dem Staate aber ein unverlierbares Stück politischer Kraft.

Erinnerung an gewesene Größe erwärmt, der Ausblick auf eine große Zukunft vermag zu entflammen. Darauf beruht ein anderer stärkerer, mindestens heftiger wirkender Motor patriotischer Erregung. Wir sehen solche Erregung als eine akute Massenerscheinung auftreten, wo sich in einem Staatswesen auf einem kritischen Punkt seines Lebenslaufes mit ursprünglicher Gewalt die Idee einer politischen Mission, des Berufes zu machtvoller Gestaltung der Zukunft, erhebt und die Massen der Staatsgenossen zugleich durchbringt und fortreißt. Die Geschichte der Osmanen im Mittelalter, die

Geschichte Italiens in unserem Jahrhundert zeigt solche Momente. Hier ist es <u>die treibende Idee</u> im Ganzen, welche sich allen Teilen bis auf die Personenatome herab mitteilt, sie wuchtig zusammenballt und bis zur Fieberglut patriotisch erhitzt. Was aber in solch besonderen Perioden des Staatslebens mit besonderem Ungestüm auftritt, ist <u>eine Kraft</u>, welche auch sonst vorhanden ist und in gleichem Sinne wirkt. Ich meine die patriotischen <u>Anregungen</u>, die sich, im Gegensatz zu den aus der Staatsvergangenheit fließenden, auch in normalen Zeitläuften aus dem Vorgefühl der Staatszukunft herleiten. Leben ist Bewegung, — auch für <u>den Staat</u>, mag er immerhin vom Stillestehen den Namen tragen, und mit Recht, insoferne er im Vergleich zur dahinflutenden Woge der sich ablösenden Geschlechter seiner Bürger als das Beharrende dasteht. Leben ist Bewegung; darum fühlt das kleine Partikelchen im großen Staatskörper sich um so eher als Stück eines lebendigen Ganzen, wenn es dessen Bewegung mitempfindet, ihre Richtung wahrnimmt, das Ziel näher kommen sieht. Wenn man absieht von der elektrisierenden Kraft überwältigender politischer Erfolge des Augenblickes und ebenso von jenem frischen Schmerz über ein großes nationales Mißgeschick, welcher eine kräftige Bürgerschaft wie ein brennender Stachel zu patriotischer Leidenschaft treibt, — wenn man also nur die chronisch wirksamen Faktoren des Staatsgefühls in Betracht nehmen will, so weiß ich darunter keinen mächtigeren als eben jenes <u>Mitempfinden einer Bewegung unseres Staats</u><u>ganzen nach erkennbaren Zielen</u>. In denjenigen Abschnitten ihres geschichtlichen Lebens, wo solche Bewegung vor sich geht, stetig in ihrer Richtung und klar auch für das Auge der

Maſſen, erfreuen ſich die Staaten dauernd der größten Zahl patriotiſcher Bürger.

Wenn alſo die Quellen des Patriotismus ſo tief liegen, dann will es ſcheinen, als vermöchte zu ihnen die lehrhafte Thätigkeit einer wiſſenſchaftlichen Anſtalt nimmer hinabzubringen; iſt doch ihr alleiniges Arbeitsfeld der Intellekt ihrer Jünger, d. h. die aus Vorſtellungen und Begriffen gewebte Oberfläche der Seele, unter welcher in unnahbarer Tiefe erſt Das ruht, was des Menſchen Charakter und Wert ausmacht, die Summe ſeines Fühlens, Glaubens und Wollens. Wiſſenſchaftlicher Unterricht kann nun einmal, direkt wenigſtens, Gefühle nicht erzeugen; er ſoll aber nicht anregen wollen zur Äußerung von Empfindungen, die nicht vorhanden ſind. Sündhaft und verkehrt zugleich wäre jeder Verſuch zur künſtlichen Aufzucht eines erheuchelten Patriotismus: ſündhaft, weil das Gift der Heuchelei in der Bruſt des Jünglings den werdenden Charakter des Mannes zerrüttet; verkehrt aber, weil das Produkt einer ſolchen Züchtung nicht bloß politiſch wertlos, ſondern ſchädlich ausfallen muß, indem es, wie alle Falſifikate thun, das nebenan aufſprießende echte Gewächs diskreditiert und erdrückt.

Dieſes echte Gewächs eines ſtillwarmen Vaterlandsgefühles keimt am liebſten abſeits von den geräuſchvollen Bethätigungen jenes Afterpatriotismus, es bedarf und erträgt weder künſtliche Düngung noch Treibhaus, es reift, wenn überhaupt, ſo von ſelbſt unter dem Sonnenſtrahl der Freude am heimiſchen Weſen.

Denn auch ſie endlich, dieſe Freude, mit ihrer ſtillen und unſcheinbaren Wirkſamkeit, gehört zu den großen Faktoren des Patriotismus.

Als einen solchen hat sie vor britthalb Jahrtausenden schon der geniale Volkskenner Perikles gewürdigt, als er das berühmte Grundmotiv zur Leichenrede wählte, durch welche der schwer gebeugte Patriotismus der Seinigen aufgerichtet werden sollte. Freude am Staat verknüpft mit dem Staat. Und hier zeigt sich uns zuerst ein Punkt, von dem aus unsere Hochschule allerdings patriotische Anregungen bewirkt, zwar zunächst noch nicht durch ihre Thätigkeit, wohl aber schon vermöge ihrer Existenz. In den glänzenden Mittelpunkt unseres weiten Reiches gestellt, mit Arbeitsmitteln und Kräften in besonders reichlichem Maße ausgestattet, äußerlich verkörpert und wohnhaft in einem der schönsten Paläste, welche deutsche Kunst nach italienischem Vorbild deutscher Wissenschaft erbauen durfte, bildet unsere Universität den natürlichen Gravitationspunkt für die wissensdurstige Jugend aller Länder und Völker unseres großen Vaterlandes. Tausende und aber Tausende mögen seit ihren Knabenjahren davon geträumt haben, hier bereinst ihre Bildung zu vollenden; vielen, sehr vielen war der Weg zu steil, oder widriges Schicksal hat sie abseits verschlagen, wenige Auserwählte nur sind an dieser Pforte angelangt — und ein jeder von Ihnen, verehrte Kommilitonen, ist einer von diesen Auserwählten. Mit gehobener Brust, aber zugleich dankbaren Sinnes betreten Sie darum das Weichbild unserer Hauptstadt, wohin die eigene Kraft zwar Sie geführt hat, aber doch nur vermöge der Weckung und Stählung dieser Kraft in den Kulturwerkstätten des Staates.

Die Hauptstadt allein schon bedeutet für den vorgebildeten jungen Mann Erweiterung des Gesichtskreises nach allen Richtungen, zumal auch in Hinsicht auf staatliche Dinge; in diesem Hause aber, welches er für die Dauer seiner Studienjahre bezieht, nicht als Gast, sondern als berechtigter Insasse, für den es gebaut wurde, tritt ihm der Staat gleichsam körperlich entgegen, und zwar in der erfreulichen Gestalt als Geber. Wie mancher hat ihn bisher nur als Nehmer gekannt! vom Elternhaus her als den mißliebigen Nehmer von Steuern, aus den Knabenjahren als den odiosen Polizeimann, die schönsten Wege der Erlustigung mürrisch verschließend. Hier aber begegnet auch dem politisch noch Blinden dieses unheimliche Etwas zum erstenmal freundlich winkend, mit vollen Händen: Licht und Schönheit, die ersehnte akademische Freiheit, die Aussicht auf ausgezeichnete Berufsbildung und auf Stillung jedes Durstes nach geistiger Nahrung durch gewaltige Bücherschätze und zahlreiche Lehrer, das alles winkt ihm aus unseren Hallen entgegen. Sollte da nicht ein Strahl der Freude am heimischen Staatswesen, dem Spender dieser Güter, die Seele des Eintretenden erwärmen? Und sollte diese Wärme nicht wachsen können zugleich mit der Erweiterung und Vertiefung der hier zu gewinnenden Bildung? jener Bildung, die Sie dereinst, neben schönen Erinnerungen aus der Hauptstadt, als köstliche Ausstattung fürs Leben in Ihre engere Heimat zurückbringen sollen.

Freilich gebildet sein heißt nicht patriotisch sein; aber es giebt Eine Bildung, die ihrem Wesen nach allerdings hinführt zum Patriotismus, durch Entwicklung des Staatsbewußtseins, durch Anbahnung erhöhter Teilnahme an staatlichen Dingen überhaupt und damit vor allem auch an denen der Heimat. Wir wollen sie politische Bildung nennen. Und hier ist die Stelle, wo die Universität, auf ihrem eigensten Boden stehend, allerdings erfolgreich wirken kann im Sinne jener patriotischen Aufgabe. Sie kann Staatsgefühl und Vaterlandsliebe nicht erzeugen, aber sie kann beiden den Boden bereiten durch politische Bildung. Grund genug für uns, dem Wesen und Inhalt solcher Bildung in dieser feierlichen Stunde näher zu treten; aber auch an und für sich scheint sie einer eindringenden Betrachtung wert zu sein, zumal in ihrem Gegensatz zur naturwissenschaftlichen Bildung, und der von dieser getragenen Weltanschauung, welche die Gegenwart beherrscht und auf weiten Gebieten auch des socialen Lebens unserem zur Neige gehenden Jahrhundert ihren Stempel aufgebrückt hat.

Bevor wir aber eine solche Betrachtung versuchen, möchte es gut sein, sich über den Sinn des Wortes „Bildung" in Kürze zu verständigen.

Bildung ist weder Wissen noch Können, wohl aber Produkt verarbeiteten Wissens und Vorbedingung methodischen Könnens. Sie hat den Namen vom „bilden", d. h. umgestalten eines Stoffes zu Form und Zweck. Was umgestaltet wird, ist hier ein noch rohes Organ unserer Psyche, und es wird gestaltet zur Befähigung für die Auffassung eines Wirklichen. Der „gebildete" Musiker ist kraft seiner musikalischen Bildung befähigt Thatsachen der Tonwelt wahrzunehmen, die das gesunde Ohr des Ungebildeten nicht ahnt; er hat einen „Sinn", der ihm ein für tausend Andere nicht vorhandenes Stück Welt erschließt. Und eben dieses thut jede Bildung für den Bereich desjenigen „Sinnes", den sie ausgestaltet oder auch wohl erst erweckt. Das Wort „Sinn" — in seiner übertragenen Bedeutung ein Prachtstück unseres Sprachschatzes — bezeichnet ja die ursprüngliche oder erworbene Befähigung unseres Geistes zur Auffassung bestimmter Ausschnitte der Gesamterscheinung, welche wir die „Welt" nennen; somit können wir sagen, und sagen es alle Tage, daß durch eindringende Beschäftigung mit Sprachen der Sprachsinn, mit plastischen Formen der Formensinn, mit Rechtsverhältnissen der juristische Sinn „gebildet", d. h. geweckt und geschärft wird. Anderes kann und thut Bildung überhaupt nicht; namentlich bewirkt sie nicht eine homogene Eigenschaft, die nach der landläufigen Vorstellung als „allgemeine Bildung" den ganzen Menschen gleichwie mit einem duftenden und glänzenden Lack überzöge. Es giebt in Wirklichkeit nicht Eine, sondern viele Bildungen, so viele als wir „Sinne" in obiger Bedeutung des Wortes unterscheiden, d. h. so viele, als es Ausschnitte der Welt giebt, die für uns ein gesondert empfundenes Interesse haben. Demgemäß unterscheiden wir ganz scharf zwischen künstlerischer, litterarischer, philosophischer, philologischer, juristischer, naturwissenschaftlicher, linguistischer Bildung u. s. w., wohl wissend, wie diese fast niemals in Einer Person vereinigt gefunden werden und daß aus dem Vorhandensein der einen nur unter besonderen Umständen auf andere geschlossen werden darf. Wenn wir aber im Leben jemand schlechtweg als einen „gebildeten Mann" bezeichnen, so heißt das, daß er in den für uns zumeist in Betracht kommenden Richtungen gebildete Sinne besitze, und wir übersehen dabei unbewußt alle jene, die uns minder erheblich dünken. So lassen wir wohl Leute noch als „gebildet" gelten, die für Musik kein Ohr, für Malerei kein Auge, selbst für Poesie kaum Sinn haben, schwerlich aber solche, die aus Träumen prophezeien und an Zauberei glauben; letzteres, weil unsere Zeit da besonders empfindlich ist, wo naturwissenschaftliche Unbildung zu Tage tritt. Nicht immer war dem so, auch nicht in Epochen von nach anderen Richtungen hin hochbedeutender Kultur; es stellt eben jede Zeit ihre Ansprüche an den „gebildeten Mann", und der Gebildete von heute — wenn es möglich wäre das Modell eines solchen mit all' seinen Tüchtigkeiten und Mängeln für die Nachwelt aufzubewahren — würde bereinst vor den gebildeten Augen dieser Nachwelt wenig Gnade finden, wohl aber ein lehrreiches Beweisstück abgeben zur Kulturgeschichte seines Zeitalters.

Wenn dem nun also ist, daß Bildung sich differenziert, indem sie ihre besonderen Voraussetzungen und Wirkungen hat, je nach den Gebieten seelischer Thätigkeit, auf welchen sie ihre Kraft entfaltet zur Schärfung oder Erregung eines psychischen Sinnes — so liegt nunmehr die Frage vor uns: Was ist insbesondere politische Bildung? was der specifische Gegenstand des politischen Sinnes, wenn es einen solchen giebt?

Die Welt, in der wir leben, besteht nicht aus der Summe der vorhandenen teils belebten, teils leblosen Einzelwesen; es wäre so, wenn es keine Menschen gäbe. Der Mensch aber, seit er Mensch ist — wie weit das zurückreicht, ist unbeweisbar und hier gleichgültig — lebt und wirkt, nach dem tiefsinnigen Ausspruch des Aristoteles, als $\zeta\tilde{\omega}o\nu$ $\pi o\lambda\iota\tau\iota\varkappa \acute{o}\nu$; und er hat im Laufe ungezählter Jahrtausende unsere Welt erfüllt mit den Produkten seines geselligen Instinktes. Er hat sie bevölkert mit socialen Gebilden mannigfacher Art, zumal mit jenen, welche wir politische Körper nennen und welche die gewaltigste Rolle spielen im praktischen Leben der Menschheit. Sie sind wesenhaft und wirklich, obzwar nicht greifbar; ungeheure Krafterscheinungen gehen von ihnen aus und ihr innerer Zustand greift auf das Empfindlichste ein in das Wohl und Wehe jedes Menschen; sie leben, wachsen und vergehen nach ihren besonderen Bedingungen und Gesetzen; sie sind sich selbst Zweck, wie Alles in der Natur. Denn auch der Staat ist ein Stück Natur — die ja doch wohl in den alten „drei Reichen" sich nicht erschöpft, sondern auch das Menschenreich mit den ihm eigentümlichen Gebilden in sich schließt, wenn anders man unter „Natur" den Inbegriff alles Gewordenen und naiv Daseienden verstehen muß im Gegensatz zum willkürlich Gemachten.

Insoferne also die Welt, in deren Mitte wir mit unserem Leiden und Handeln, mit unseren Interessen und Schicksalen gestellt sind, weithin ausgefüllt erscheint von den Wirkungen und Gegenwirkungen jener realen politischen Potenzen, sprechen wir von der „politischen Welt", als von einem bedeutsamen Teile des Weltganzen.

Wer nun für die Erscheinungen dieser Welt ein offenes Auge hat, dem schreiben wir politischen Sinn zu. Vererbt oder erworben kommt er in den verschiedensten Graden der Schärfe vor, in weiten Volksschichten fehlt er ganz oder erscheint rudimentär. Der politisch Blinde hat für die socialen Phänomene überhaupt kein Wahrnehmungsvermögen; insbesondere an Stelle der die politische Welt erfüllenden Wesen sieht er leeren Raum, und ist ihr Name zu ihm gedrungen, so begreift er darunter eine Summe von Einzelpersonen oder ein Stück Erdboden, kurz was daran greifbar und darum für ihn wahrnehmbar ist. „Die Gemeinde", der er angehört, bedeutet ihm die persönlich gekannten Genossen, oder aber das Gemeindegebiet; erst mit der Fähigkeit, hinter beiden zusammen ein drittes, wesentlich anderes, aber nicht minder wirkliches zu sehen und es, wenn auch durchaus unbewußt, von jenen greifbaren Dingen zu unterscheiden, erwacht der politische Sinn.

Einmal erweckt, schärft sich der Blick und gewöhnt sich an die Auffassung jener feineren Elemente unserer Umgebung, an die Beobachtung ihrer besonderen Lebensäußerungen und Entwicklungsbedingungen. Weitere Übung unter günstigen Verhältnissen bewaffnet das Auge und befähigt es, die innere Struktur politischer Körper, gleichsam wie mit dem Mikroskop, sich zum Bewußtsein zu bringen. Und hier beginnt die politische Bildung. Sie gründet sich auf die mittelst geschärften politischen Sinnes gewonnenen Erkenntnisse, besteht aber keineswegs in der Summe des Wissens über sociale Thatsachen, sei diese Summe noch so groß, sondern in dem Ergebnis ihrer geistigen Verarbeitung. Sie stellt sich dar, analog jeder anderen und insbesondere auch der naturwissenschaftlichen Bildung, als die durch geschulte Beobachtung jener Thatsachen erworbene Einsicht in ihren Zusammenhang und in die Wirkungsweise der sie bewegenden Kräfte. Hier wie auf jedem Gebiet menschlicher Erkenntnis kommt es auf die Kausalzusammenhänge an, die nur mittelst methodischer Beobachtung des wirklichen Geschehens erkannt werden; einer Beobachtung, die freilich auf diesem Gebiete ihre besonderen Schwierigkeiten hat, wegen der Übersinnlichkeit der Objekte, wegen der Unmöglichkeit die Erscheinungen durch das Experiment zu isolieren, wegen des weiten zeitlichen Abstandes von Ursachen und Wirkungen. Kleinere Staaten, wie in unserer Nähe etwa die Schweizer Kantone, sind eben darum besonders bildende Objekte politischer Betrachtung, vermöge des kleinen Raumes, auf welchem dort das Spiel der staatlichen Kräfte im raschen Wechsel von Wirkung und Gegenwirkung sich be-

— 15 —

wegt. Immerhin ist durch bloß statistische Betrachtung des Gegenwärtigen allein politische Bildung nicht zu gewinnen. So einfach und durchsichtig ein gegebener politischer Zustand scheinen mag, er ist wirklich verstehbar und in Hinsicht seiner künftigen Entwicklung übersehbar doch nur auf Grund seiner Vergangenheit. Erst ihre Geschichte lehrt uns, aus welchen Kräften eine heutige politische Thatsache entsprungen, welche Natur und Macht ihr daher eigen und welcher Verlauf von ihr zu gewärtigen sei; denn Nichts wird aus Nichts, das Gesetz von der Erhaltung und Verwandlung der Kraft gilt auch in der politischen Welt. Darum ist Geschichte, wie allbekannt, die große Lehrmeisterin in politischen Dingen, indem sie im Gegensatz zu einer bloß äußerlichen Vergangenheitskunde das Gewesene nicht bloß verzeichnet, sondern aus dem Vorgewesenen erklärt und somit die Natur, Stärke und Richtung vorhandener politischer Kräfte enthüllt. Darnach erscheint historische Bildung als Voraussetzung und bestes Stück der politischen. Sie fällt aber mit dieser gleichwohl nicht zusammen: auch weite Geschichtskenntnis, so lehrt die Erfahrung, schützt nicht unfehlbar vor Beschränktheit und Verbohrtheit des politischen Blickes. Wir verlangen aber vom politisch Gebildeten, daß ihm ein gewisses — doch nur aus freier und scharfer Beobachtung der Gegenwart zu gewinnendes — Feingefühl innewohne, das ihn vor falschen geschichtlichen Analogien bewahrt, ihn deutlich unterscheiden lehrt zwischen absterbenden Resten der Vorzeit und fruchtbaren Keimen der Zukunft.

Aus dem Gesagten dürfte ohne weiteres einleuchten, warum zwei Fähigkeiten — die ich unter anderen als be-

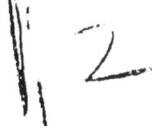

sonders charakteristische hier herausgreife — jedem Manne von politischer Bildung und nur einem solchen eigen sind.

Die eine bezieht sich auf die Beurteilung vergangener Zeiten und ihrer Zustände. Nur der politisch Gebildete hat die Befähigung und Neigung, diese nach ihrem eigenen Maß zu messen, für die socialen Produkte eines jeden Zeitalters Grund und Rechtfertigung in den politischen und socialen Voraussetzungen eben dieser Zeit zu suchen, während der Ungebildete an Alles das Maß der Gegenwart unwillkürlich heranträgt und eben dadurch zu jener Unterschätzung vergangener und Überschätzung heutiger Dinge gelangt, welche die politische Unbildung stets begleitet hat. Ein solcher wird Erscheinungen, wie z. B. Sklaverei und despotische Familienverfassung des Altertums, später die Christenverfolgungen und die kastenmäßige Gestaltung der antiken Gesellschaft, die mittelalterlichen Römerzüge, Gottesurteile und Eideshelfer, Lehenswesen, Adelsprivilegien und Zunftzwang, auf kirchlichem Boden Cölibat, Mönchswesen und Ketzerverfolgung, zwar zumeist scharf tadeln, aber niemals begreifen. Der politisch Gebildete hingegen sagt sich, was seinerzeit Dauer und wirksamen Bestand gehabt hat, müsse unter den gegebenen Verhältnissen wohl auch seinen Grund gehabt haben; er wird vielleicht nicht in der Lage sein, diesen aufzudecken, aber er wird geneigt sein, ihn vorauszusetzen und zu suchen, unbewußt geleitet von dem Hegelschen Spruch: „Alles Wirkliche ist vernünftig"; er wird deshalb gegenüber historischen Thatsachen mit politischen Werturteilen äußerst zurückhaltend sein, eingedenk der Wahrheit, die auch wieder nur ihm gegenwärtig ist, daß künftige Geschlechter von Alltagsmenschen unter den gepriesenen Errungenschaften und Einrichtungen unserer Zeit reichlich genug des Ungerechten, Verkehrten und Lächerlichen finden werden, um ihren Spott aus der vollen Schale ihres Unverstandes über uns auszugießen.

Politische Bildung also umschließt die Fähigkeit, der Vergangenheit gerecht zu werden. Weit bedeutsamer noch als diese aber erscheint mir eine andere, der Zukunft zugewendete Seite des durch solche Bildung geschliffenen Geistes. Er besitzt Einsicht und Begriff für „politische Notwendigkeiten" und deren Gegenteil „politische Unmöglichkeiten".

Diese Einsicht ist in besonderem Grade symptomatisch. Geht sie doch von selbst hervor aus dem Bewußtsein von jenen Kausalzusammenhängen, welche die Erscheinungen der politischen Welt mit derselben Notwendigkeit beherrschen wie die sogenannten Naturgesetze die Veränderungen in der mechanischen; wenn unter letzteren einige exakt berechenbar sind, so ist das der Fall, nicht weil hier der Kausalzusammenhang strenger, die Wirkung eine notwendigere Folge ihrer Ursachen wäre, sondern weil für unsere menschlich beschränkten Mittel ihre relativ einfachen Voraussetzungen meßbar deutlich und vollständig erkennbar sind, während dieser Fall niemals eintreffen wird bei den unendlich feineren und tiefer verzweigten moralisch-politischen Phänomenen. Wer aber seinen Blick an die Beobachtung dieser gewöhnt hat, der hat sehen gelernt, wie auch politische Veränderungen nach ihrer Möglichkeit und Wirkungsweise strengstens bedingt sind durch den vorgefundenen Thatbestand, aus dem sie hervorgehen und auf den sie einwirken sollen; daß darum ihr Eintritt und Erfolg allerdings berechenbare Erscheinungen sind, obzwar aus der eben angedeuteten Ursache nicht exakt und absolut, sondern nur annähernd und nach Wahrscheinlichkeit — eine Wahrscheinlich-

— 18 —

keitsrechnung, auf deren Handhabung alle praktische Staatskunst beruht. Er sieht um so deutlicher, je tiefer er in der Beobachtung der wirklichen politischen Hergänge vordringt, wie bedingt und beschränkt darin der Spielraum des nach landläufiger Vorstellung freien Eingreifens einzelner Persönlichkeiten ist, wie wenig im Grunde auch der Mächtigste eigentlich „machen" kann. Zwar ist der Impuls der Person ein gewaltiger Faktor in politischen, wie in allen menschlichen Dingen; aber Wirkung übt er nur nach Maßgabe der gegebenen Verhältnisse, insoferne er aus diesen herausgewachsen, in der Richtung vorhandener Kräfte eine schon vorbereitete Zukunft gestaltet. Der Takt für das politisch Mögliche ist die erste Eigenschaft des Staatsmannes, der Widerstand gegen politische Notwendigkeiten sein schwerster Irrtum.. Alles für möglich, hingegen aber nichts für notwendig zu halten, ist bei jedermann das untrügliche Zeichen politischer Unbildung. Der Wahn, als ob alles an sich Schöne und Wünschbare in staatlichen Dingen jederzeit „gemacht" werden könnte, wollten nur die sogenannten „maßgebenden Faktoren" ein Einsehen haben und sich dazu entschließen, bildet ja die breite Unterlage der gemeinen politischen Rännegißerei. Nur glaube man nicht, daß sich dieser Wahn auf die Kreise des Pfahlbürgertums beschränke. Welche Ausbreitung er zu Zeiten gewonnen und welche historische Rolle er demgemäß gespielt hat, zeigen gerade die letzten hundert Jahre. Es sei nur an die Dekrete des französischen Nationalkonvents erinnert, dessen Mitglieder doch für politisch möglich halten mußten, was sie mit Gesetzeskraft befahlen; auch an die parlamentarischen Experimente hochstehender Staatsmänner und Körperschaften Mitteleuropas in der Blütezeit des politischen Doktrinarismus; und haben wir selbst es nicht in unseren Tagen noch aus der Ferne mit angesehen, wie der feierliche Versuch gemacht wurde, eine Verfassung englischen Stiles dem türkischen Reiche von oben herab anzuheften?

Wenn dieses und ähnliches am grünen Holze geschieht, so drängt sich die unbehagliche Frage hervor: wie es denn überhaupt in unserem Zeitalter mit der Verbreitung der politischen Bildung stehe? Unser hochgebildetes Jahrhundert, ist es im besonderen auch ein politisch gebildetes Jahrhundert?

Und hier ist der Punkt, auf welchem ich die Nachsicht und Gewogenheit meiner Hörer ernstlich in Anspruch nehmen muß für die Antwort, die ich nach bester Überzeugung zu geben und zu begründen habe.

Unsere Zeit, so lautet diese Antwort, fällt in eine Periode blühender naturwissenschaftlicher (neben herabgekommener ästhetischer) Bildung; kümmerlich und zurückgeblieben aber ist der Geist des Jahrhunderts in Bezug auf politische Bildung.

Der erste Teil dieser Behauptung bedarf keiner Erhärtung, allseitige freudige Anerkennung ist ihm gesichert; von Kunstbildung soll heute nicht die Rede sein; für den letzten Satz aber bin ich um so dringender den Nachweis schuldig, je anstößiger der erhobene Vorwurf in unserer zugleich politischen und bildungsstolzen Zeit erscheinen mag. Aber freilich, kein Zeitalter weiß, wo ihm der Zopf hängt, bevor es abgelaufen ist, und nach zweihundert Jahren mag wohl mancher Schuljunge, gestützt auf sein Lehrbuch der Kulturgeschichte, geläufig hinweisen auf Mängel, die wir uns heute nur mühsam und widerwillig zum Bewußtsein bringen; sind ja doch Mängel überall schwerer aufzuzeigen als Auswüchse, zumal wenn jene durch blendende Vorzüge verdeckt erscheinen, wie es bei uns der Fall ist mit der mangelhaften politischen gegenüber der glanzvoll wuchernden naturwissenschaftlichen Bildung. Durch letztere, so behaupte ich, ist der Geist der heutigen europäischen Gesellschaft (mindestens der kontinentalen) so einseitig erfüllt und in Anspruch genommen, daß als Folgeerscheinung ein empfindliches Zurückbleiben in der Entwicklung des politischen Sinnes, in weiten Schichten bis zur völligen politischen Unbildung, eingetreten ist. Die einseitige Befangenheit der Geister in naturwissenschaftlichen Denkformen bildet den Zopf des neunzehnten Jahrhunderts.

Wer hiezu den Kopf schütteln will, werfe mit mir einen unbefangenen Blick in die größeren und kleineren Kreise unserer Gesellschaft, so weit hin als sie überhaupt auf Bildung irgendwelcher Art Anspruch macht. Da haben wir als weitesten Kreis das große Publikum der sogenannten populären Vorlesungen für Gebildete in allen größeren Städten. Es besteht zumeist aus dem, was man den guten Mittelstand zu nennen pflegt; wie einseitig aber sein Interesse und somit seine Bildung ist, zeigt das Programm der Vorträge, die es sichtlich bevorzugt. Gegenstände der exakten Naturforschung und immer wieder solche sind es, deren Darlegung man zwar nicht immer mit vollem Verständnis, aber stets mit Ehrfurcht und Bewunderung entgegennimmt, während für die Thatsachen und Zusammenhänge der politischen Welt in diesen Kreisen nur wenig Teilnahme und für bezügliche Vorträge kein Publikum vorhanden ist. Die bürgerliche Hausfrau und die Spektralanalyse — fürwahr eine charakteristische Erscheinung unserer Zeit und ein Problem für den künftigen Kulturhistoriker! Ein Problem, weil es a priori widersinnig erscheinen will, daß für eine dem täglichen Leben fremde und ohne mathematische Vorbildung unverständliche Naturerscheinung ein lebhaftes Interesse da gefunden wird, wo man ein solches Interesse weit eher erwarten möchte <u>für eine wissenschaftliche Erklärung</u> der Ursachen und Wirkungen des Kaffeezolles. Aber ganz im Gegenteil: der einseitig herrschenden Geistesrichtung zufolge bewundert man dort die <u>Erhabenheit</u> eines ewigen Naturgesetzes und berauscht sich am <u>Scharfsinn</u> des Entdeckers, indessen man hier nur klägliches Menschenwerk erblickt, <u>Stümperei der löblichen Gesetzgeber</u> von heute auf morgen, eine Sache, die <u>willkürlich</u> auch anders oder gar nicht sein könnte, welche darum das nach ewigen Wahrheiten lechzende Gemüt des Bildungsphilisters gänzlich kalt lassen muß. Die Lösung des scheinbaren Widersinnes aber liegt darin, daß wir eben alle, weit mehr als wir ahnen, <u>Kinder unserer Zeit</u> sind; das Wort „Du glaubst zu <u>schieben</u> und du wirst <u>geschoben</u>" gilt auch <u>im Gedränge der Gedankenwelt</u>: nur hie und da erheben sich <u>Einzelne</u> über dasselbe hinaus, indessen die <u>große Masse herdengleich</u> in den <u>herrschenden</u> Gedanken, Gefühlen und <u>Interessen ihrer Zeit sich dahinwälzt</u>.

Aber steigen wir <u>eine Stufe höher hinauf</u>, in die breite Schichte der sogenannten „<u>Intelligenz</u>", zu der großen Menge der für ihren <u>Beruf</u> gebildeten und tüchtigen Männer, — Kaufleute, Ärzte, Techniker u. s. w. — die wesentlich bestimmend sind für <u>den Inhalt der öffentlichen Meinung und Bildung</u>, kraft ihrer Zahl und Verbreitung und kraft der Autorität, die sie weithin vermöge ihrer Stellung und beruflichen Tüchtigkeit genießen. Hier nun finden wir im großen Durchschnitt — nur von diesem kann natürlich die Rede sein — zunächst erfreulicher Weise ein in früheren Jahrhunderten nie erreichtes Maß von <u>naturwissenschaftlicher Bildung</u>; Einsicht in den Bestand und die Wirkungsweise der Naturgesetze, höchste Achtung vor aller auf ihre Erforschung und praktische Verwertung gerichteten Thätigkeit, Verachtung jeglichen auf ihrer Verkennung beruhenden Aberglaubens, gepaart mit berechtigtem Stolz auf die technischen Errungenschaften der Neuzeit. Aber sofort schließt sich daran eine Anschauung, die wir oben als ein Kennzeichen politischer Unbildung hervorheben mußten; ich meine die gerade in den hellen Köpfen jener sogenannten „positiven Naturen" so weit verbreitete Idee: unsere Zeit sei Gipfel und Krone der Weltgeschichte, das Zeitalter der Erfüllung, welchem gegenüber alle früheren, zumal das „graue" Altertum und erst recht das „finstere" Mittelalter nur als Vorstufen, wo nicht gar Vorverirrungen gelten dürfen. In einseitiger Verblendung erblicken sie den Maßstab der Kulturhöhe allein in dem Umfang menschlicher Herrschaft über die sogenannten Naturkräfte. Und dabei freilich kann das Zeitalter des Dampfes und der Elektricität nicht zu kurz kommen, obzwar (beiläufig bemerkt) immer noch eine grobe Überschätzung seiner Verdienste auf Kosten des Altertums vorliegt; denn Eisenbahn und Telegraph sind schöne Dinge, jedoch die uralten Erfindungen des Wagens und des Buchstabens sind größere Thaten des menschlichen Geistes. Aber ist denn der Inhalt unseres Lebens allein bestimmt durch unsere Macht über die Natur? Schwer und unerquicklich mag es sein, aus unserem behaglichen Dasein alles hinwegzudenken, was wir seit Jahrhunderten den Fortschritten der Naturbeherrschung verdanken. Wir wären auf den Lebensfuß eines isländischen Fischerdorfes zurückgebracht; immerhin sehen wir da noch Menschen menschlich zusammen wohnen. Aber welch ein Abgrund eröffnet sich dem geistigen Auge, wenn wir versuchen wollen, bie Schöpfungen unseres politischen Instinktes, was wir seit undenklichen Zeiten an rechtlichen und socialen Ordnungen selbst erbaut ober überkommen haben, wodurch wir nicht die Naturkräfte, aber uns und unseresgleichen bändigen und zusammenschließen, auch nur für einen Augenblick als nicht vorhanden zu denken! Welch ein Zustand! Außerhalb aller Bedingungen eines lebenswerten Lebens, entblößt von all dem unsichtbaren moralischen Geräte, ohne welches nach Hobbes bündigem Ausdruck unser Dasein "einsam, tierisch, schmutzig und kurz" wäre — und zwar trotz aller Erfindungen der Technik, soweit solche dann überhaupt möglich würden.

Der einseitig naturwissenschaftlich Geschulte bleibt solchen Betrachtungen unzugänglich. Ihm sind die Potenzen der moralisch-politischen Welt (zwischen denen es, wie er meint, wissenschaftlich feststellbare Beziehungen nicht geben kann, weil sie nicht meßbar sind) mehr oder weniger willkürlich aufgestellte und von Fall zu Fall passend einzurichtende Veranstaltungen, die rationell gemacht werden können und sollen; Jurisprudenz bedeutet ihm die Kunde vieler wandelbarer, also zufälliger Paragraphe, und Politik die Fertigkeit für beabsichtigte sociale Funktionen die unfehlbaren Maschinen zu bauen. Er lächelt über ein neues Projekt des Perpetuum mobile, aber erörtert ernsthaft das "an sich richtige" Wahlsystem und "die beste" Verfassung; er wittert tückische Absichten bei den Machthabern, wo diese, politischen Notwendigkeiten weichend, die "einzig vernünftigen", weil "natürlichen" Zustände nicht herstellen; er ist völlig blind gegenüber politischen Kräften ohne greifbare materielle Unterlage: daß die imposanteste politische Macht Europas, die der römischen

Kirche, ohne Heer bestehen und durch staatliche Verordnungen nicht gebrochen werden kann, bleibt ihm ein Rätsel. Als Wähler verlangt er von seinem Abgeordneten schlechtweg die „Durchführung" des Programms bis zur Grenze des physisch Möglichen (wie als Bauherr von seinem Architekten die Ausführung des verabredeten Bauplanes); politische Unmöglichkeiten kennt er nicht; wenn also „das einzig Richtige" wieder einmal nicht geschehen ist, so war der Mißerfolg offenbar verschuldet, entweder durch Unverstand oder bösen Willen.

Ich will es vorsichtig dahingestellt sein lassen, wie viel von dem Gesagten für den Durchschnittsmann der in Rede stehenden Gesellschaftsklasse zutrifft; wenn auch nur Einiges, so steht es immerhin mißlich mit ihrer politischen Bildung.

Sind denn aber die Höhen der wissenschaftlichen Welt und die auf ihnen voranschreitenden führenden Geister bewahrt geblieben von jener gefährlichen Verkehrtheit, welche die menschlich-socialen Phänomene durch die Kategorien einer mechanischen Weltansicht begreifen will? Keineswegs. Sondern es wird der künftige Litteraturhistoriker unseres Jahrhunderts zu verzeichnen haben, wie in fast allen Zweigen der Geisteswissenschaft eine widernatürliche — weil der Natur ihres Stoffes zuwiderlaufende — Invasion naturwissenschaftlicher Denkformen platzgegriffen, wie diese in gewissen Fällen die betroffenen Disciplinen gänzlich auf Abwege geführt, in anderen aber, mehr bloß die Oberfläche berührend, jene wunderliche Verschrobenheit in der formalen Stoffbehandlung erzeugt hat, die im Augenblick verblüfft, aber sobald der Reiz der Neuheit vorüber, als „Zopf" empfunden wird. Beides tritt uns entgegen in tonangebenden Leistungen von hervorragenden Gelehrten unserer Zeit. Wir haben Henry Buckles „induktives"

Geschichtswerk und seine gewaltige Wirkung erlebt, wir sehen eine blühende Kriminalistenschule Italiens die Strafrechtswissenschaft in Psychiatrie auflösen; es werden bei uns und auswärts geistreiche Betrachtungen über Kunst, Liebe, Recht als „Physiologie" dieser Dinge bezeichnet und behandelt (Mantegazza, Stricker); die moderne Sprachvergleichung wird als Naturwissenschaft ausgegeben (Max Müller); Ciciljurisprudenz nach der „physiologischen Methode" (Ihering) und vollends die Staatswissenschaft in der Art reformiert, daß die Lehre vom „Bau und Leben des socialen Körpers" bis ins einzelne hinab nach dem Muster anatomischer und physiologischer Systeme, unter Benützung ihrer technischen Terminologie, zur Darstellung gelangt (Bluntschli, Schäffle). Um beispielsweise in dem letzteren Fall den Zopf gleichsam greifbar erscheinen zu lassen, dürfte nur ein juristisch gebildeter Mediciner auf den Gedanken geraten die Umkehrung zu versuchen, indem er ein Handbuch der Physiologie nach civilrechtlichem Muster verfaßte, wobei sich Gelegenheit böte zu den lehrreichsten Vergleichen, wie z. B. des Blutumlaufs mit der Geldcirkulation, der Verdauung mit der Specifikation, der Muskel und Bänder mit den Obligationen u. s. f.; das Ganze könnte den Titel „Pandekten des menschlichen Körpers" führen und zum Verständnis der wirklichen Hergänge in demselben vermöge seiner juristischen Parallelen genau ebensoviel beitragen, als die medicinische Terminologie zum Verständnis socialer Erscheinungen.

Wenn Chorführer verschiedener Richtungen der heutigen Geisteswissenschaft in solcher Tonart singen, was Wunder, daß ihnen die breite Masse der Fachlitteratur begeistert folgt und jeder Schriftsteller dritten Ranges für das von ihm angebaute Wissensgebiet die allein seligmachende naturwissenschaftliche Methode befolgt zu haben eifrig versichert; er vermeint, dadurch zum voraus einen Teil des wohlverdienten Prestiges der exakten Naturforschung für seine Bemühungen herangezogen zu haben, ahnt aber nicht, daß er in Wahrheit doch nur einem nichtigen und vergänglichen Zeitgeschmack seinen Tribut zollt.

Und noch ein Anderes erscheint mir in hohem Grade bezeichnend für den behaupteten Zustand unserer Zeitbildung: die Meinung über den eigentlichen Kern der Menschheitsgeschichte, wie sie bald hier bald dort, mehr oder weniger scharf ausgeprägt, in gelegentlichen Äußerungen hervorragender Führer unserer gelehrten Bildung zu Tage tritt. Denn unser inneres Verhältnis zur heutigen Welt spiegelt sich am klarsten wieder in unserer Wertschätzung der Vergangenheit, in dem, was von ihrem Inhalt in unseren Augen das wahrhaft Wesentliche und Unbautsame ist. Wenn nun einerseits wir einer ausschließlich ästhetischen Grundauffassung begegnen, die allein in den Hervorbringungen der Kunst und Litteratur dieses Wesentliche erblicken will, andererseits aber vom Standpunkt der landläufigen naturwissenschaftlichen Weltansicht die Geschichte der Menschheit (wesentlich zusammenfallen soll mit der Geschichte der Naturbewältigung) so ist eben das beiden sonst gegensätzlichen Anschauungen gemeinsame Negative, die Lücke, welche zwischen beiden Einseitigkeiten klafft, für die herrschende Zeitbildung so besonders charakteristisch. Denn mag man mit Herman Grimm den Faden der Universalgeschichte von Homer und Praxiteles auf Dante und Michelangelo führen, oder mit Dubois-Reymond von Archimedes auf Galilei, Kepler und Newton springen, immer bleibt das

Übersprungene dasselbe: das Römerreich und seine Geschichte.
Nichts ist bezeichnender für den auch in höchsten Bildungs-
regionen derzeit noch fühlbaren Mangel an politischem Sinn
als dieses beiderseits sich ergebende bewußte Verhältnis der
Ablehnung gegenüber dem römischen Abschnitt der Weltgeschichte. Sie ist, jenen Mangel vorausgesetzt, nur allzu be-
greiflich: haben doch die Römer in keiner Kunst Originales
geleistet, haben sie doch keinen mathematischen Lehrsatz auf-
gestellt und kein Naturgesetz entdeckt, darum auch nicht recht-
zeitig das Schießpulver erfunden, durch welches sie — nach
einer bekannten, von Ottokar Lorenz meisterlich widerlegten
Dilettantenidee — ihren Untergang hätten verhindern können.
Sie haben ja bloß einen Staat aufgebaut, der die Welt des
Altertums zusammengefaßt, beherrscht, verjüngt und ihren
Kulturinhalt auf uns gebracht hat; sie haben in einem
tausendjährigen Staatsleben von unerhörter Kontinuität ge-
zeigt, auf welchen Wegen und mit welchen Mitteln eine ebenso unerhörte politische Macht zu folgerechter Entwicklung gebracht wird; sie haben die politischen Traditionen geschaffen,
ohne die es im Mittelalter kein Imperium gegeben hätte, so
wenig als eine weltumspannende römische Kirche, Traditionen,
ohne welche mithin in unserer Geschichte eben Das fehlen
würde, was im specifischen Sinne „Mittelalter" heißt, und
was unter den europäischen Völkern nur den Russen fehlt;
sie haben endlich in Jahrhunderte lang fortgesponnener ge-
nialer Arbeit die Rechtsbegriffe gebildet, welche den Verkehr
der civilisierten Welt beherrschen, in der zu leben wir so stolz
sind, und die Formen geprägt, darin ihre Rechtspflege sich
bewegt bis auf den heutigen Tag. Eben diese Welt, indem
sie sich „civilisiert" nennt, zollt durch den Instinkt der Sprache

unbewußt den Römern ihren schuldigen Dank. Denn „civis" heißt römischer Bürger! und „Civilisation" deutet mit Grund auf eine gewisse Zugehörigkeit, wenn auch nicht mehr zur Bannmeile, so doch zum Bannkreis der politischen Gedanken und der juristischen Begriffe Roms.

Hat denn nicht jeder von uns einmal in müßiger Stunde sich gefragt, worauf denn eigentlich die auffallende Thatsache der politischen Überlegenheit des kleinen, geographisch und moralisch vielfach gespaltenen Europa über alle anderen Stücke der bewohnten Erde beruht? Eine Thatsache, die heute immer deutlicher wird, seit europäischer Einfluß, in Japan und Kalifornien Fuß fassend, über den Ocean herüber gleichsam handgreiflich den Erdball umspannt. Unsere Civilisation ist es, die überall siegt, und wir durch sie, — das ist ein Gemeinplatz. Aber lange nicht so allgemein wird es empfunden, wie weithin der Inhalt dieser europäischen Civilisation bedingt und erfüllt ist von der geistigen Hinterlassenschaft des Altertums, und zwar vor allem der Römer. Denn ohne diese gäbe es für uns kein Altertum: wer immer der Herkunft jener zahllosen in die Vorzeit zurückreichenden Dinge, aus welchen unsere Kultur überwiegend besteht, forschend nachgehen mag, den führen alle Wege nach Rom, beziehungsweise durch Rom. Ist dem aber also, so liegt hier klar vor Augen, wie die denkbar weiteste, stärkste und heilsamste praktische Wirkung — welcher gegenüber alle technischen Errungenschaften, die übrigens durch sie erst ermöglicht sind, als untergeordneter Teil verschwinden müssen — von der politischen Lebensarbeit Eines Volkes ausstrahlt. Eine Arbeit, welche Leopold Ranke einmal zu dem Ausruf hingerissen hat: „ohne die Römer hätte die Weltgeschichte keinen Wert!" Aber freilich vermag solche Leistung, weil sie eine rein und ausschließlich politische ist, weder vor den Augen bloß ästhetischer Geschichtsbetrachtung Gnade zu finden, noch den einseitigen Kulturmaßstäben einer mechanischen Weltanschauung zu genügen. —

Woher aber kommt die einseitige Herrschaft dieser Weltanschauung und welche Aussichten auf Dauer hat sie? Es sei gestattet, bei der Kürze der Zeit nur mit Andeutungen hierauf zu antworten.

In jedem Zeitalter richten die Menschen Auge und Sinn vorzüglich dahin, von woher ihre sichtbarsten Erfolge gekommen sind. Die unserigen bestehen in der Ausbreitung und praktischen Anwendung der Ergebnisse jenes gewaltigen Aufschwunges, welchen die exakten Naturwissenschaften seit britthalb Jahrhunderten genommen haben. Das vorige Jahrhundert, mit seinen grundlegenden Entdeckungen, enthält den Höhepunkt dieses Aufschwunges — zugleich mit dem tiefsten Stand jenes politischen Elendes, welchem seit dem dreißigjährigen Kriege die Kulturländer Mitteleuropas verfallen sind. Auf der einen Seite staatliche Zustände, keineswegs darnach geartet, Freude und Interesse an politischen Dingen zu erwecken, auf der andern Seite die strahlenden Erfolge einer kraft unfehlbarer Methoden von Sieg zu Sieg schreitenden Naturforschung: kein Wunder, wenn die öffentliche Meinung, geblendet von solchen Erfolgen, schließlich nahezu blind wurde für die sociale Hälfte der Welt und ihre besonderen Lebensbedingungen. Was lag näher, als der verzweifelte Versuch, auch die brennenden politischen Fragen nach Art physikalischer Probleme zu formulieren und mit jenen erprobten Methoden zu lösen? Das Ergebnis war zunächst für die Theorie: die atomistische Gesellschaftslehre, nach welcher nur der einzelne Mensch Realität hat und Selbstzweck ist, folgeweise die eine ganze Litteratur erfüllende falsche Frage nach dem „Zweck des Staates" — so verkehrt als eine Frage nach dem Zweck der Flüsse oder Berge und die Antwort darauf in den Lehren vom Naturstande, Gesellschaftsvertrag u. s. w. Sobann aber für die Praxis: der Rationalismus, mit seiner Richtung auf absolute, gleich mathematischen Formeln über Raum und Zeit erhabene Lösungen politischer Aufgaben, in der Gluthitze der Revolution alsbald in jenen Radikalismus übergehend, dessen Zusammenhang mit der einseitig naturwissenschaftlichen Zeitbildung jüngst der Historiker Hippolyte Taine überzeugend dargethan hat. Zugleich mit seinen befruchtenden Erfolgen hat das Revolutionszeitalter auch die Einseitigkeit seiner socialen Grundanschauungen dem politisch erschlafften Kontinent mitgeteilt, und bis in die Mitte unseres Jahrhunderts bleibt auf politischem Boden der naturwissenschaftliche Geist in seiner Gestalt als doktrinärer Rationalismus herrschend, trotz Burke und Savigny. Er hat, unterstützt von weiteren Fortschritten der Technik bei andauernder Versumpfung der staatlichen Zustände, den politischen Sinn im Volke zurückgedrängt und den oben geschilderten Tiefstand der politischen Bildung herbeigeführt.

Aber eine Wendung der Dinge bereitet sich vor: ihre Anfänge sind dem schärfer zublickenden Auge seit einem Menschenalter sichtbar. In der wissenschaftlichen Welt tritt die historisch-politische Richtung wieder mutiger hervor. Hat doch jüngst noch ein deutscher Naturforscher (Wundt) sich öffentlich zur Staatslehre des Aristoteles bekannt. Und auf das Gebiet der Naturkunde selbst ist ja von England her

(aus dem Vaterlande politischer Bildung und traditions=
mäßiger Entwicklung) ein historisches Princip von unübersetz=
barer Fruchtbarkeit gepflanzt worden; denn der Gedanke einer
Erklärung des Gegenwärtigen aus bezeugten oder erschlossenen
Phasen der Vorzeit ist ein Princip der historischen Wissen=
schaft; die Mechanik kennt weder Vergangenheit noch Zukunft.
Innerhalb der großen bürgerlichen Gesellschaft des Kontinentes
aber ist politische Bildung im langsamen Steigen begriffen,
in dem Maße, als die Hindernisse ihrer bisherigen Entwick=
lung weichen. Man vergleiche nur den Durchschnittsgrad
politischer Reife von heute mit dem, was im Jahre 1848 zu
Tage getreten ist, und zwar damals in politischen Kreisen
aller Stufen, von der Paulskirche bis zur Dorfschenke; man
beachte, um wieviel seither in den höheren Schichten die Macht
der Theorien und Schlagworte abgenommen hat, während
zugleich von unten her eine breite Front auftaucht, erfüllt
von praktischen Fragen der Gesellschaftspolitik und bestrebt,
sie (wenn auch bloß mit den Augen des Magens) zu unter=
suchen. Wie aber sollte auch der politische Sinn sich nicht
gehoben haben angesichts des nach langer Stockung erwach=
ten öffentlichen Lebens, angesichts gewaltiger politischer
Schöpfungen durch große Staatsmänner im Dienste populärer
Ideen, angesichts endlich der neuen politischen Probleme, mit
welchen der Socialismus an das Thor des zwanzigsten Jahr=
hunderts klopft, und von welchen jeder fühlt, daß sie durch
Bussolen und Logarithmen nicht werden gelöst werden; daß
nur eine höchste Anspannung politischer Kraft und Einsicht
die Aufgabe bewältigen wird, den vierten Stand ohne töt=
liche Krisen dem Staatskörper organisch einzufügen.

Dieses zwanzigste Jahrhundert, an dessen Schwelle wir

stehen, wird ein politisches Jahrhundert sein. Wer ihm gewachsen sein will, wird politischer Bildung bedürfen.

Und hiemit kehren wir zum Ausgangspunkt dieser Betrachtungen zurück, indem wir die Schlußfrage stellen: Was also haben wir Universitäten zu thun, um unseren Jüngern die geistige Ausrüstung zu beschaffen, welche ihr Jahrhundert bereinst von ihnen verlangen wird? Denn es ziemt uns den geistigen Zeitläuften voranzuschreiten, nicht abzuwarten bis das Schlepptau neuer Tage uns erfaßt.

Vor allem wir Lehrer selbst müssen offenen Auges der Zukunft entgegengehen, im eigenen Geiste den Bannkreis der herrschenden Ideen durchbrechen und insgesamt zu einer politischen Weltanschauung uns erheben; dann wird ganz unbewußt in unseren Hörsälen und Laboratorien auf die Schüler ein geistiges Element ausstrahlen, welches den immer noch in der Luft liegenden naturwissenschaftlichen Chauvinismus zurückdrängt; es wird dann auch bei dem letzten Jünger der Naturwissenschaft eine Ahnung davon entstehen, daß es jenseits dessen, was man schneidet, mißt und wägt, eine Welt von wirklichen Größen giebt, die zu ergründen und zu beherrschen eine ebenso würdige und wichtige Aufgabe menschlicher Kraft ist, als die Erforschung der Natur.

Sodann werden wir soviel an uns liegt thun, um an unseren Bildungsstätten nur in unserem Sinne vorgebildete Schüler zu versammeln. Wir werden darum festhalten am Gymnasium als dem einzigen Zugang zur Universität und unseren ganzen Einfluß aufbieten, die alte klassische Grundlage dieser Vorbildung zu erhalten und womöglich zu vertiefen; jene Grundlage, die der abziehende Geist dieses technischen Jahrhunderts gleichwie mit einem letzten Fußtritt uns

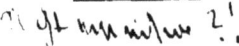

zerstören will. Nicht wegen der allerdings hoch anzuschlagen=
den formalen Bildung, auch nicht um der ästhetischen Ein=
drücke willen, die Manchem die Prosa des späteren Lebens
verschönen, halten wir fest am klassischen Gymnasium, sondern
in erster Linie darum, weil allein der lebendige Zusammen=
hang mit dem von politischen Gedanken und Empfindungen
erfüllten Kulturkreis des klassischen Altertums uns den frucht=
baren Boden herstellt für den methodischen Anbau politischer
Bildung.

Endlich aber — und hierauf möchte ich das größte Ge=
wicht legen — müssen wir uns unserer alten Einheit wieder
bewußt werden, von der wir den Namen Universitas tragen,
und sie auch praktisch wieder verwirklichen. Denn unsere
Hochschulen, obwohl glücklicherweise immer noch durch ihre
Verfassung äußerlich zusammengefaßt, drohen innerlich aus=
einanderzufallen in mindestens so viele Fachschulen, als wir
Fakultäten zählen. Es fehlt heute das innerlich verknüpfende
geistige Band, es fehlt, was den alten Universitäten Scholastik,
Kirchensystem, Reformationsidee, Humanismus, Philosophie im
Wandel der Zeiten gewesen sind. Noch vor hundert Jahren
und bis in die vorige Generation herab war es die letztere,
welche neben und hoch über den Fachstudien das In=
teresse aller Universitätshörer vereinigte; in den Zeiten Kants,
Hegels, Schellings schieden sich die Universitäten nach der an
ihnen vorwaltenden philosophischen Richtung, und jeder Student,
mochte er sonst Theologe, Jurist, Mediciner u. s. w. sein, holte
sich vor allem in den tonangebenden großen Kollegien sein
Teil an philosophischer Bildung und damit einen Grundstock
von Überzeugungen und Lebensanschauungen, die ihm fürder=
hin mit allen Genossen der nämlichen Hochschule gemein

blieben. Das ist dahin mit dem Verfall der philosophischen Produktion und dem Erlöschen der ehedem so lebendigen und verbreiteten Teilnahme an philosophischen Fragen; dahin, gewiß nicht für immer, wohl aber für absehbare Zeiten, während welcher die Vertiefung und Verzweigung der Einzelforschung fortschreiten wird, bis dereinst wieder eine Epoche der Zusammenfassung, der denkenden Bewältigung des angehäuften Stückwissens, ein neues Zeitalter der Philosophie erscheinen mag. Aber muß und darf einstweilen der Thron leer bleiben, von dem jene Königin herabstieg? Sollte es nicht möglich sein, vorerst wenigstens einen Teil des Interesses, welches unsere Väter metaphysischen Problemen entgegenbrachten, bei der studierenden Jugend aller Fakultäten für die staatlichen Gestaltungen der Gegenwart und die socialen Aufgaben der Zukunft wachzurufen? Selbstverständlich nicht im Sinne wohlfeiler Effekte durch Behandlung politischer Tagesfragen, die immer fern bleiben müssen von den Schwellen unseres Musentempels. Wohl aber so, daß durch breit angelegte, dem Verständnis aller Universitätshörer angepaßte historisch-politische Darlegungen über allgemeine Probleme des staatlichen Lebens ein tieferes Verständnis politischer Dinge überhaupt angebahnt, die wissenschaftliche Teilnahme dafür erregt und somit neben der Berufsbildung zugleich politische Bildung in den Geistern der Jugend gereift werde. Kommt alsdann, wie zu erwarten, auch der Zeitgeist solchen Bestrebungen förderlich entgegen, so wird es unter uns für die große Aufgabe an den rechten Männern nicht fehlen, und den rechten Lehrern nicht an dankbaren Schülern. Wieder, wie ehemals, wird man die größten Hörsäle sich füllen sehen mit Wißbegierigen aller Fachzweige, die als echte akademische

Bürger nicht bloß Brotkenntnisse suchen, sondern eine umfassende Weltanschauung und vielseitige Bildung. Auch der Theologe, der Mediciner wird am Brunnen erscheinen und nicht ungestärkt von bannen gehen an seinen Lebensberuf. Was ein auch in seinen breitesten Schichten politisch gebildeter Klerus für den Staat bedeuten würde, führe ich nicht aus. Für das Volk aber in seiner großen Masse, wie es in Dörfern zerstreut unser Vaterland bewohnt, bilden der Pfarrer und der Arzt die beiden Augen, durch welche es die Welt der geistigen Dinge wahrnimmt; Widerspruch zwischen den von ihnen entworfenen Weltbildern verwirrt und beunruhigt; ihre Harmonie bedingt den friedlichen Fortschritt in der Kultur der Gemeinde. Die geistige Brücke aber zwischen beiden wäre eine gemeinsame Bildung, welche bewirkt, daß der Arzt weiter blickt, als er sieht, der Geistliche aber auch für die menschlich-socialen Dinge ein offenes und geübtes Auge hat.

Wenn wir also, indem wir in der kommenden Generation politische Bildung zu pflanzen bestrebt sind, Frieden und Fortschritt in der weitesten Volksschichte befördern, zugleich aber dazu beitragen, um die geistigen Spitzen der künftigen Gesellschaft aus der herrschenden Einseitigkeit zu befreien, sie zum Staate und zu einer politischen Weltanschauung zurückzuführen, sie zu waffnen für den ihrer harrenden socialen Kampf: so dürfen wir getrost behaupten ein patriotisches Werk zu thun.

Pierer'sche Hofbuchdruckerei. Stephan Geibel & Co. in Altenburg.